Stephan Schoch

Das Reisespielebuch –

Spielspaß für unterwegs

© 2018 Stephan Schoch

1. Auflage

Umschlaggestaltung, Illustration: Michael Clews
weitere Mitwirkende: Thomas Sandmair (Ideengeber)
Gewidmet: Hannah Schoch - Ich hoffe du hast Spaß damit!

Verlag: tradition GmbH, Hamburg

ISBN Taschenbuch: 978-3-7469-1665-1
ISBN e-Book: 978-3-7469-1673-6

Bibliografische Information der Deutschen Nationalbibliothek:
Die Deutsche Nationalbibliothek verzeichnet diese Publikation in der Deutschen Nationalbibliografie; detaillierte bibliografische Daten sind im Internet über http://dnb.d-nb.de abrufbar.

Inhaltsverzeichnis

Einleitung	4
Allgemeine Regeln	5
Längerwisser	7
Die X Besten	8
Wortfinder	10
Ich habe noch nie...	13
Tiere & Berufe	14
Teekesselchen	16
Gleich oder ungleich	18
Gleich oder ungleich (Team)	20
Erklären – Wort – Geräusch	22
Scharade/Montagsmaler	24
Russische Post	26
Königsspiel	28
Therapie	31
Kaufhaus	34
Hirnspiel (Wer bin ich?)	36
Mörderspiel	38
Hund sitz!	40
Ruddelbrunft	42
Mafiosi	44
Was ist passiert	48
Fragebogen	50
Wahrheit oder Witz	52
Tic Tac Toe	53
Käsekästchen	54
Schiffe versenken	56
Vier gewinnt	59
Hangmen	60
Stadt – Land – Fluss	62
Ich sehe was, was du nicht siehst	66
Ich packe meinen Koffer	67

Einleitung

Dieses Buch beschreibt eine Sammlung von Spielen. Mit den 29 einzeln beschriebenen Spielen, inklusive der zahlreichen Varianten, werden insgesamt über 40 Spiele vorgestellt und erklärt. Die Spiele benötigen nur wenige Hilfsmittel, wie z. B. einen Stift und Papier oder eine Uhr, und können daher überall gespielt werden. Sie eignen sich durch ihre Schlichtheit besonders gut für unterwegs und können im Urlaub, auf Festivals, im Zeltlager oder einfach während einer Reise (z. B. im Auto oder im Zug) gespielt werden. Natürlich können sie auch zu Hause, im Park oder im Schwimmbad gespielt werden. Durch den einfachen Aufbau sind keine großen Vorbereitungen nötig, und es reicht etwas Phantasie und Kreativität aus, um loslegen zu können.

Die Spiele sind sehr vielfältig. Es finden sich sowohl Spiele für zwei Personen als auch welche für bis zu vierzig Spieler in der Sammlung. Auch hinsichtlich der Komplexität gibt es eine Spanne zwischen Spielen, die einfach erklärt und sofort gespielt werden können, und solchen, die komplexeren Regeln folgen. Daher ist in diesem Buch für jeden etwas dabei.

Gespielt wird aus den verschiedensten Gründen zu unterschiedlichsten Anlässen – hauptsächlich jedoch, weil es Spaß macht. Reise- und Wartezeiten können kurzweilig gestaltet werden, und manchmal lernt man über gemeinsames Spiel auch neue Menschen kennen.

In diesem Buch werden nicht nur die Regeln der einzelnen Spiele beschrieben, sondern z. B. passende Themengebiete vorgeschlagen und Tipps gegeben, die den Spielfluss einiger Spiele verbessern bzw. deren Spaßfaktor erhöhen.

In diesem Sinne: Viel Spaß und eine unterhaltsame Zeit beim Ausprobieren.

Allgemeine Regeln

Folgende allgemein gültige Regeln sollten bei allen Spielen beachtet werden:

> ➢ Um bei Punktegleichheit den Sieger zu bestimmen oder um z. B. zu ermitteln, wer bei einem Spiel beginnen darf, kann ein Entscheidungsspiel wie z. B. 'Klick–Klack–Kluck' oder 'Klimpern' gespielt werden bzw. eine Münze geworfen werden.

> ➢ Bei Diskussionen über eine Lösung oder die Gültigkeit eines genannten Begriffes entscheidet immer die ganze Gruppe per Abstimmung. Führt die Abstimmung zu keinem Ergebnis (Gleichstand), entscheidet der Spieler, der das Thema vorgegeben hat.

> ➢ Gibt es Fragen zu den Regeln bzw. Anregungen zu den Spielen kann die nachfolgend genannte Mailadresse kontaktiert werden: DasReisespielebuch@gmail.com

> ➢ Bei jedem Spiel sind in der Kopfzeile oben die nachfolgend erklärten Symbole zu finden. Je nachdem, ob das Symbol schwarz oder transparent ist, ist es für das jeweilige Spiel gültig oder nicht.

 Die Zahlen hinter diesem Symbol beschreiben die optimale Anzahl an Spielern für das jeweilige Spiel. Unter Umständen können es auch weniger oder mehr Spieler sein, wodurch aber der Spielfluss leiden könnte.

 Dieses Symbol bedeutet, dass für das Spiel ein Zettel und ein Stift benötigt werden. Möglicherweise benötigt auch jeder Mitspieler seinen eigenen Zettel und Stift.

Allgemeine Regeln

 Mithilfe dieses Symbols wird dargestellt, dass für das entsprechende Spiel eine Stoppuhr benötigt wird.

 Diese Abbildung deutet darauf hin, dass in diesem Spiel jeder Spieler für sich kämpft, also jeder gegen jeden. Bei komplexeren Spielen mit diesem Zeichen ist es aber auch möglich, in Teams zu spielen; die Spieler eines Teams können sich dann beraten, bevor sie eine gemeinsame Aktion durchführen oder sich abwechseln.

 Bei Spielen mit dieser Kennzeichnung spielt immer eine Person gegen alle anderen Mitspieler.

 Spiele mit dieser Abbildung können nur in Teams gespielt werden. Hier sollten also mindestens vier Personen mitspielen (zwei Teams mit zwei Personen).

➤ **Ziel:** Länger passende Begriffe zu einem bestimmten Thema nennen können und Punkte sammeln

➤ **Ablauf:**

- Der Startspieler bestimmt ein Thema (z. B. 'Automarke')
- Anschließend müssen alle Mitspieler nacheinander einen passenden Begriff zu diesem Thema nennen (z. B. 'Audi', 'BMW' oder 'Toyota').
- Sobald ein Spieler keinen weiteren passenden und korrekten Begriff mehr angeben kann oder einen bereits erwähnten Begriff nochmal nennt, scheidet er aus dieser Runde aus, und der nächste Spieler ist an der Reihe einen passenden Begriff zu finden.
- Eine Runde endet, wenn alle Spieler bis auf einen ausgeschieden sind. Dieser erhält dann einen Punkt, und der nächste Spieler ist an der Reihe und kann ein Thema vorgeben.

➤ **Ende:**

- Das Ende des Spiels sollte vor dem Spielstart definiert werden, beispielsweise eine bestimmte Anzahl an Spielrunden (jeder Spieler nennt 5 Themen) oder eine Spielzeit (45 Minuten).
- Es gewinnt der Spieler, der die meisten Punkte sammeln konnte.

➤ **Hinweise:**

- Mögliche Themengebiete:
  - Geographie (Hauptstädte, Bundesländer)
  - Marken (Auto-, Schokoladen-, Biermarken)
  - Orte in einer Stadt (Bars, Restaurants, Vereine)
  - Essen (Obst, Gemüse, Kräuter)
  - etc. (Der Kreativität sind hier keine Grenzen gesetzt.

> **Ziel:** Länger Begriffe aus einer Bestenliste aufzählen können und Punkte sammeln

 Für dieses Spiel ist ein Internetzugriff nötig.

> **Ablauf:**

- Grundsätzlich basiert das Spiel auf den Regeln von Längerwisser.

- Im Unterschied zu Längerwisser gibt es bei die X Besten aber einen Moderator, der sich im Internet eine Bestenliste aussucht und die Mitspieler danach befragt (z. B. 'Welches sind die 15 höchsten Berge der Welt?').

- Die Mitspieler sind nun, wie bei Längerwisser, der Reihe nach am Zug und müssen versuchen, einen der 15 Einträge aus dieser Liste zu finden (z. B. 'Mount Everest'). Sobald einem Spieler kein passender Begriff mehr einfällt oder er einen Begriff nennt, der nicht unter den X Besten zu finden ist, scheidet er in dieser Spielrunde aus.

- Ist nur noch ein Spieler übrig, hat er diese Runde gewonnen und erhält einen Punkt.

- Nun ist der nächste Spieler als Moderator an der Reihe und kann eine Liste vorgeben.

> **Ende:**

- Das Ende des Spiels sollte vor dem Spielstart definiert werden, beispielsweise eine bestimmte Anzahl an Spielrunden (jeder Spieler fragt 5 Bestenlisten ab) oder eine Spielzeit (45 Minuten).

- Es gewinnt der Spieler, der die meisten Punkte sammeln konnte.

> **Hinweise:**

- Je nach Thema kann die Anzahl der gültigen Begriffe einer Liste vom Moderator angepasst werden. Sind beispielsweise viele schwere Antworten unter den besten 15, kann der Moderator auch nach den 25 Besten fragen.
- Im Internet gibt es verschiedene Listen zum gleichen Thema, die voneinander abweichen können, daher ist immer die Liste des Moderators die ‚wahre' Liste und nicht anfechtbar.
- Mögliche Themengebiete:
  - Geographie (größte Städte, längste Flüsse)
  - Bauwerke (höchste Gebäude, größte Stadien)
  - Medien (erfolgreichste Filme des Jahres 2017, am häufigsten verkaufte Musik-Singles/Bücher)
  - Sport (Tennis-Weltrangliste, Platzierung der letzten Bundesliga Saison)
  - etc. (Der Kreativität sind hier keine Grenzen gesetzt.)

➢ **Ziel:** Viele zu einem Thema passende Begriffe finden und durch geschicktes Taktieren Punkte sammeln

➢ **Ablauf:**

- Ein Spieler beginnt, und dann sind alle Mitspieler der Reihe nach am Zug.

- Das Spiel ist in drei Phasen aufgeteilt, 'Wörter finden', 'Schätzen' und 'Streichen & Punkten'.

- Wörter Finden:
    - Der Startspieler gibt ein Thema vor (z. B. 'Dinge, die es in einem Kiosk gibt') und startet die Uhr (45 Sekunden).
    - Alle Spieler müssen nun versuchen, innerhalb von 45 Sekunden so viele zum Thema passende Begriffe wie möglich aufzuschreiben (z. B. 'Zeitung', 'Buch', 'Süßigkeiten', 'Zigaretten', etc).

- Schätzen:
    - Sind die 45 Sekunden vorbei, muss jeder Spieler schätzen, wie viele Punkte er mit den von ihm gefundenen Begriffen holen kann. Die Spieler schreiben ihre Schätzung jeweils auf einen Zettel und legen diesen verdeckt vor sich hin.
    - Haben alle Spieler eine Schätzung abgegeben, werden die verdeckten Zettel umgedreht und derjenige mit der niedrigsten Schätzung darf beginnen (Der mit der zweitkleinsten Schätzung ist als nächstes am Zug, usw.). Haben zwei Spieler die gleiche Zahl geschätzt, ist der Spieler mit der niedrigeren Gesamtpunktezahl zuerst an der Reihe. Ist auch diese gleich hat der jüngere den Vortritt.

- Streichen & Punkten:
    - Der Spieler mit der niedrigsten Schätzung liest nun von seinem Zettel eine der geschätzten Zahl entsprechende Anzahl von Begriffen vor. Werden alle Begriffe von den Mitspielern akzeptiert, erhält er diese Anzahl an Punkten.
    - Die vorgelesenen Begriffe sind nun aus dem Spiel und werden gestrichen.
    - Der Spieler mit der zweitkleinsten Schätzung ist als nächstes an der Reihe und muss gemäß seiner Schätzung Begriffe vorlesen, wobei er die bereits gestrichenen Begriffe nicht mehr verwenden darf.
    - Entsprechend des Ergebnisses der Schätzen-Phase sind nacheinander die weiteren Spieler am Zug. Kann ein Spieler nicht mehr ausreichend Begriffe nennen, bekommt er Minuspunkte in Höhe der geschätzten Zahl.

➢ **Ende:**

- Das Ende des Spiels sollte vor dem Spielstart definiert werden, beispielsweise eine bestimmte Anzahl an Spielrunden (jeder Spieler nennt 5 Themen) oder eine Spielzeit (45 Minuten).
- Es gewinnt der Spieler, der die meisten Punkte sammeln konnte.

➢ **Hinweise:**

- Folgende Wörter sind gültig und müssen nicht gestrichen werden:
    - Synonyme mit gleicher Bedeutung aber anderem Wortstamm (z. B. 'Auto', 'Limousine', 'Gefährt', 'PKW', etc.)
    - Wörter die im Thema selber vorkommen (wird z. B. nach Brotsorten gefragt, wären die Begriffe 'Vollkornbrot' und 'Weißbrot' gültig)

- Folgende Wörter sind ungültig und müssen gestrichen werden:
  - Wörter die thematisch nicht passen (in einem Kiosk gibt es z. B. keinen 'Ziegelstein')
  - Wörter mit dem gleichen Wortstamm, wie ein bereits genanntes, also Abwandlungen, Abkürzungen oder die Mehrzahl. Wurde beispielsweise das Wort 'Spieler' bereits erwähnt, sind Wörter wie 'Spielerin', 'Gegenspieler' oder 'Spielfigur' nicht mehr gültig).

- Bei der eigenen Schätzung sollte einkalkuliert werden, dass die Mitspieler mit einer kleineren Schätzung früher am Zug sind und deshalb bereits Wörter gestrichen wurden, bevor man selbst an der Reihe ist.

- Bei diesem Spiel lohnt es sich, kreativ zu denken. Werden Begriffe gefunden, die möglichst kein anderer Mitspieler aufgeschrieben hat, sinkt das Risiko, dass diese Begriffe gestrichen werden. So sollte bezüglich des Kiosks beispielsweise nicht nur an Zeitschriften und Zeitungen gedacht werden, sondern ggf. auch an Lose, Kaffee oder Feuerzeuge.

- Mögliche Themengebiete:
  - Medien (Schauspieler in bestimmten Filmen oder Serien)
  - Sport (Fußballspieler in der dt. Nationalmannschaft, Sportarten mit einem Ball oder Schläger)
  - Alltag (Elektrogeräte in der Küche, Dinge in einer Metzgerei)
  - Essen (Nudelsorten, Gewürze)
  - etc. (Der Kreativität sind hier keine Grenzen gesetzt.)

➢ **Ziel:** Interessante Details über die Mitspieler erfahren und am wenigsten Punkte erhalten

➢ **Ablauf:**

- Der Startspieler beginnt und stellt eine These auf, die mit 'Ich habe/bin noch nie' anfängt (z. B. 'Ich bin noch nie betrunken Auto gefahren.').

- Alle Spieler (außer dem, der die These aufgestellt hat), die das in der These Beschriebene schon einmal gemacht haben, müssen sich nun melden. Sie erhalten einen Punkt (und müssen gegebenenfalls erklären, wie es dazu kam).

- Anschließend ist der nächste Spieler an der Reihe und darf eine These aufstellen.

➢ **Ende:**

- Das Ende des Spiels sollte vor dem Spielstart definiert werden, beispielsweise eine bestimmte Anzahl an Spielrunden (jeder Spieler nennt 5 Thesen) oder eine Spielzeit (45 Minuten).

- Es gewinnt der Spieler, der die wenigsten Punkte sammeln musste.

➢ **Hinweise:**

- Wichtig ist, dass alle Thesen ehrlich beantwortet werden müssen.

- In diesem Spiel können durch die richtigen Thesen interessante Details und lustige Geschichten zutage gefördert werden.

- ➢ **Ziel:** Länger Begriffe mit einem bestimmten Anfangsbuchstaben zu einem Thema nennen können
- ➢ **Ablauf:**
  - Der Startspieler bestimmt ein Themengebiet und nennt einen passenden Begriff dazu (z. B. 'Tiere' und 'Hund')
  - Der nachfolgende Spieler muss dann einen Begriff finden, der zum Themengebiet passt und mit dem letzten Buchstaben des Vorgängerbegriffes beginnt (z. B. 'Hund'-> 'Dachs').
  - Diese Reihe muss nun immer mit dem letzten Buchstaben des vorangegangenen Begriffes fortgeführt werden (z. B. 'Dachs' -> 'Schlange').
  - Sobald ein Spieler keinen zum Themengebiet passenden Begriff mit dem entsprechenden Anfangsbuchstaben finden kann oder einen Begriff nennt, der bereits erwähnt wurde, scheidet er aus dieser Spielrunde aus, und der nächste Spieler muss mit diesem Anfangsbuchstaben weitermachen.
- ➢ **Ende:**
  - Das Spiel endet, wenn kein Mitspieler mehr einen passenden Begriff finden kann. Der Spieler der den letzten gültigen Begriff nennen konnte, gewinnt das Spiel.
- ➢ **Hinweise:**
  - Mögliche Themengebiete:
    - Tiere
    - Pflanzen/Obst/Gemüse
    - Berühmtheiten (Nachnamen)
    - Städte
    - etc. (Der Kreativität sind hier keine Grenzen gesetzt.)

> **Variante:**

- Eine Variante dieses Spiels ist die Bildung einer Reihe mit den Endwörtern des Vorgängerbegriffes, z. B. Tierheim -> Heimarbeit -> Arbeitstag -> Tagtraum -> Traumland -> etc.
- Dabei darf kein Wort doppelt genannt werden. Das Wort 'Landtag' wäre demnach keine gültige Fortsetzung und würde zum Ausscheiden führen.

➢ **Ziel:** Den gesuchten Begriff finden und Punkte sammeln
➢ **Ablauf:**

- Grundlage dieses Spiels sind Begriffe, die mehrere Bedeutungen haben wie z. B. 'Bank' (Geldinstitut und Sitzgelegenheit).

- Der Startspieler denkt sich einen solchen Begriff aus und beschreibt ihn mit zwei Thesen. Diese können wie folgt lauten: 'Auf meinem Teekesselchen kann ich sitzen', und 'mein Teekesselchen gibt mir Geld'.

- Die Mitspieler müssen den gesuchten Begriff nun anhand der beiden Thesen erraten. Kommen die Mitspieler nach einer gewissen Zeit nicht auf die Lösung, können zwei weitere Thesen aufgestellt werden, um den gesuchten Begriff weiter zu beschreiben.

- Der Spieler der den gesuchten Begriff errät, erhält einen Punkt.

➢ **Ende:**

- Das Ende des Spiels sollte vor dem Spielstart definiert werden, beispielsweise eine bestimmte Anzahl an Spielrunden (jeder Spieler nennt 3 Thesenpaare) oder eine Spielzeit (45 Minuten).

- Es gewinnt der Spieler der die meisten Punkte sammeln konnte.

> **Hinweise:**

- Um es den ratenden Spielern nicht zu einfach zu machen, sollten die ersten beiden Thesen nicht zu eindeutig sein. Diese dürfen ruhig schwammig formuliert sein, damit die Mitspieler an dem Rätsel knabbern müssen (z. B. bei 'Bank': 'Mein Teekesselchen hat Automaten' und 'mein Teekesselchen steht in einem Park.').

- Weitere mögliche Begriffe: Ball, Brille, Amboss, Blüten, Dietrich, Ente, Hahn, Hering, Kater, Linse, Raupe, Strauß, Tau, Verband, Wanze, Zelle, Schloss, etc.

➢ **Ziel:** Die Gedanken der anderen Mitspieler erahnen und Punkte sammeln

➢ **Ablauf:**

- Ein Spieler beginnt, und dann sind alle Mitspieler der Reihe nach am Zug.
- Der Startspieler bestimmt ein Thema (z. B. 'Automarke') und gibt die Zusatzinformation 'gleich' oder 'ungleich'.
- Anschließend schreibt jeder Spieler einen zum Thema passenden Begriff auf einen Zettel und legt ihn verdeckt vor sich hin (beim Thema 'Automarke' sind beispielsweise passende Begriffe: 'Audi', 'BMW' oder 'Toyota').
    - Beim Zusatz 'gleich' müssen die Spieler versuchen, einen Begriff zu finden, den die anderen Spieler auch gewählt haben (z. B. eine bekannte Automarke wie 'Audi'). Hat mindestens ein anderer Mitspieler den gleichen Begriff gewählt, erhält man einen Punkt.
    - Beim Zusatz 'ungleich' müssen die Spieler versuchen, einen Begriff zu finden, den kein anderer Spieler der Runde gewählt hat (z. B. eine exotische Automarke wie 'Lexus'). Hat kein anderer Spieler den gleichen Begriff gewählt, erhält man einen Punkt.
- Sobald jeder Spieler einen Begriff aufgeschrieben hat, werden die Zettel aufgedeckt, miteinander verglichen und die Punkte verteilt.

> **Ende:**
>
>   • Das Ende des Spiels sollte vor dem Spielstart definiert werden, beispielsweise eine bestimmte Anzahl an Spielrunden (jeder Spieler nennt 5 Themen) oder eine Spielzeit (45 Minuten).
>
>   • Es gewinnt der Spieler, der die meisten Punkte sammeln konnte.
>
> **Hinweise:**
>
>   • Vor allem bei 'ungleich' sollte ein Themengebiet mit nicht allzu vielen Antwortmöglichkeiten gewählt werden. Alternativ können die Antwortmöglichkeiten auch beschränkt werden (z. B. 'deutsche Automarke', 'Schauspieler aus einem bestimmten Film', 'Spieler der Deutschen WM-Mannschaft 2014').
>
>   • Mögliche Themengebiete:
>   ▪ Marken (Auto-, Schokoladen-, Biermarken)
>   ▪ Persönlichkeiten (Musiker, Sportler, Schauspieler, Politiker, Bekanntenkreis)
>   ▪ Orte in einer Stadt (Bars, Restaurants, Vereine)
>   ▪ etc. (Der Kreativität sind hier keine Grenzen gesetzt.)

> **Ziel:** Die Gedanken des Teampartners erahnen und Punkte sammeln
> **Ablauf:**

- Die Spieler eines Teams sollten nicht nebeneinander, sondern verteilt in Reihenfolge abhängig vom zugehörigen Team sitzen:

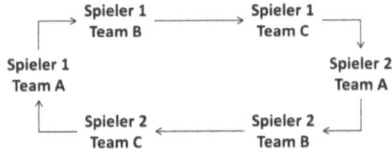

- Der Spielablauf basiert grundsätzlich auf dem von 'Gleich oder ungleich', allerdings werden die gefundenen Begriffe nur innerhalb eines Teams verglichen und nicht mit allen Mitspielern.
  - Beim Zusatz 'gleich' sollten alle Spieler innerhalb eines Teams versuchen, den gleichen Begriff zu finden. Gelingt das, erhält das Team einen Punkt.
  - Beim Zusatz 'ungleich' muss jeder Spieler 4 zum Thema passende Begriffe aufschreiben. Insgesamt können bei einer 'ungleich'-Runde 2 Punkte geholt werden, für jeden übereinstimmenden Begriff innerhalb eines Teams wird aber ein Punkt abgezogen. Haben die Teampartner also 2 übereinstimmende Begriffe aufgeschrieben, erhält das Team keine Punkte für diese Runde.

> **Ende:**

- Das Ende des Spiels sollte vor dem Spielstart definiert werden, beispielsweise eine bestimmte Anzahl an Spielrunden (jeder Spieler nennt 5 Themen) oder eine Spielzeit (45 Minuten).
- Es gewinnt das Team, dass die meisten Punkte sammeln konnte.

> **Hinweise:**

- Dieses Spiel eignet sich besonders für Gruppen die sich gut kennen (z. B. Pärchen oder gute Freunde).
- Die Teamgröße kann beliebig gewählt werden. Es können also sowohl Zweierteams als auch größere Teams gebildet werden. Je größer die Temas werden, desto schwieriger wird es aber, Punkte zu sammeln.

> ➤ **Ziel:** Kreativität beweisen, Begriffe merken und Punkte sammeln
> ➤ **Ablauf:**

- Vor Beginn des Spiels schreibt jeder Spieler (je nach Anzahl der Mitspieler) eine bestimmte Anzahl an Begriffen auf je einen Zettel (insgesamt sollten es ca. 24 Alltagsbegriffe wie z. B. 'Kuh' oder 'Uhr' sein).

- Alle Zettel werden in einem gemeinsamen Topf gesammelt, und es werden zwei Teams gebildet.

- Das Spiel ist in drei Phasen aufgeteilt: 'Erklären', 'Wort' und 'Geräusch'. Nach dem Ende einer der Phasen werden alle Begriffe wieder zurück in den Topf gelegt.

- Erklären:
  - In der Erklären-Phase zieht jeder Spieler der Reihe nach einen Zettel und erklärt den Begriff darauf allen anderen Spielern. Hierfür gibt es keine Einschränkungen. Für die Erklärung dürfen außer dem Begriff bzw. einem Teil des Begriffs selber, alle Wörter verwendet werden.
  - Der gesuchte Begriff kann nun von allen Spielern, außer von der Person die den Begriff aufgeschrieben hat, erraten werden. Wird der Begriff genannt, erhält das Team des Spielers, der den Begriff erraten hat, einen Punkt.
  - Insgesamt gibt es 30 Sekunden Zeit, um den Begriff zu erklären. Wird der gesuchte Begriff in dieser Zeit nicht genannt, erhält keines der Teams einen Punkt.

- Wort:
    - Diese Phase läuft genauso ab, wie die 'Erklären'-Phase. Der Unterschied besteht darin, dass in dieser Phase nur noch **ein** Wort für die Erklärung verwendet werden darf, mit dessen Hilfe die Mitspieler innerhalb der 30 Sekunden den Begriff erraten können.
    - Da in der zweiten Phase jedem Spieler alle Begriffe bekannt sind, darf jetzt auch der Spieler die Lösung nennen, der das jeweilige Wort aufgeschrieben hat.
- Geräusch:
    - In der dritten und letzten Phase dürfen nur noch Geräusche für die Erklärung des Begriffes verwendet werden. Die Geräusche dürfen 30 Sekunden lang wiederholt werden, um den Begriff zu erläutern.

➤ **Ende:**

- Das Spiel endet nach der dritten Phase, und das Team, das mehr Punkte sammeln konnte, gewinnt.

➤ **Hinweise:**

- Es ist hilfreich für die folgenden Runden, wenn man sich die Begriffe aus der ersten Runde gut einprägt.
- Um möglichst viele Punkte zu holen, sollten die Begriffe so erklärt werden, dass sie von einem Mitspieler aus dem eigenen Team erraten werden.
- Ein Spieler der Runde sollte immer die 30 Sekunden mitstoppen.

> ➤ **Ziel:** Möglichst viele Aufgaben erfüllen und Punkte sammeln
> ➤ **Ablauf:**
>   - Vor Spielbeginn schreiben alle Spieler eine bestimmte Anzahl an Begriffen (z. B. 'Auto', 'Hund', 'Sonne') auf je einen Zettel und sammeln sie in einem Topf.
>   - Der Startspieler zieht einen Zettel und hat dann 45 Sekunden Zeit, um den Begriff zu erläutern. Hierfür kann er sich aussuchen, ob er den Begriff malen oder pantomimisch (also mit Gestik und Mimik) darstellen will.
>   - Die Mitspieler müssen den Begriff in der vorgegebenen Zeit erraten (der Verfasser des Begriffs darf bei seinen eigenen Begriffen nicht mitraten). Wird der Begriff erraten, erhält sowohl der erklärende Spieler als auch der Spieler, der den Begriff genannt hat, einen Punkt. Wird der Begriff nicht erraten, gibt es keine Punkte.
> ➤ **Ende:**
>   - Nachdem alle Zettel mit den Begriffen gespielt wurden, gewinnt der Spieler mit den meisten Punkten.
> ➤ **Hinweise:**
>   - Hat sich ein Spieler einmal für Malen oder Pantomime entschieden, kann er diese Entscheidung in dieser Runde nicht mehr ändern. Erst beim nächsten Begriff kann er erneut wählen.
>   - Beim Malen dürfen keine Buchstaben oder Zahlen verwendet werden. Lediglich bei einem zusammen-gesetzten Wort wie z. B. 'Schwertfisch' dürfen Zahlen benutzt werden, um das erste Wort ('Schwert') und das zweite Wort ('Fisch') zu kennzeichnen.
>   - Sowohl beim Malen als auch bei der Pantomime ist es verboten, zu sprechen oder Geräusche zu machen.

➢ **Variante:**

- Das Spiel kann auch gut in Teams gespielt werden. Hierfür müssen die Teams die Begriffe jeweils für das andere Team schreiben. Die Erklärung der Begriffe erfolgt dann innerhalb eines Teams (andere Teams dürfen nicht mitraten), und es kann nur ein Punkt pro erratenem Wort geholt werden.

> ➤ **Ziel:** Möglichst viele Aufgaben erfüllen und Punkte sammeln
> ➤ **Ablauf:**
>   - Vor Spielbeginn müssen die Namen aller Spieler auf je einen Zettel geschrieben und in einem Topf gesammelt werden. In einem zweiten Topf müssen Zettel mit Aufgaben gesammelt werden (Anhand der Anzahl der Aufgaben kann die Länge des Spiels bestimmt werden).
>   - Pro Runde werden nun zwei Namen und eine Aufgabe aus den Töpfen gezogen. Die beiden gezogenen Spieler müssen dann versuchen, die Aufgabe zu erfüllen.
>   - Je nach Aufgabe müssen die beiden Spieler dabei gegeneinander antreten (der Sieger erhält einen Punkt) oder die Aufgabe einzeln erfüllen (beide können einen Punkt erhalten).
>   - Nach Abschluss der Aufgabe ist diese aus dem Spiel, und die Namen der Spieler werden wieder zurück in den Topf gelegt, bevor die Zettel für die nächste Spielrunde gezogen werden können.
> ➤ **Ende:**
>   - Nachdem alle Aufgaben gespielt wurden, gewinnt der Spieler, der die meisten Punkte sammeln konnte.
> ➤ **Hinweise:**
>   - Möchte ein Spieler eine für ihn gezogene Aufgabe nicht ausführen, kann er dies verkünden, und es kann ein Ersatzspieler gezogen werden. Dieser kann die Aufgabe erfüllen und damit einen Punkt erhalten.
>   - Die anderen Mitspieler bestimmen, ob die Aufgabe erfolgreich erledigt wurde.
>   - Das Spiel lebt von den gestellten Aufgaben. Hier ist also passend zu Situation und Umgebung Kreativität gefragt.

- Mögliche Aufgaben:
    - Liegestütze, Purzelbaum
    - bestimmten Tanz tanzen
    - Getränk austrinken/neue Getränkerunde von der Bar holen
    - umarmen
    - in den Pool springen
    - etc. (Der Kreativität sind hier keine Grenzen gesetzt.)

> **Variante:**
- Als Variante können auch zwei Teams gebildet werden. Hierfür wird nicht einer, sondern zwei Töpfe mit Namen erstellt, in denen jeweils die Namen der Spieler der beiden Teams gesammelt werden. Pro Spielrunde werden dann aus den Töpfen jeweils ein Name bzw. eine Aufgabe gezogen, und die Spieler versuchen, Punkte für ihr Team zu erkämpfen.

> **Ziel:** Den Thron erklimmen und durch Geschick und Aufmerksamkeit verteidigen

> **Ablauf:**

- In diesem Spiel müssen die Spieler in einem geschlossenen Kreis sitzen (z. B. in einem Stuhlkreis oder um einen Tisch herum). Ein Sitzplatz innerhalb des Kreises wird zum Thron erklärt.

- Der Spieler, der als erstes auf dem Thron sitzt, ist der König und erhält die Nummer 1, der Spieler links vom König erhält die Nummer 2, der nächste die Nummer 3 usw. Alle Personen behalten diese Nummer bis zum Ende des Spiels.

- Während des Spiels müssen alle Spieler im Rhythmus die folgenden Aktionen durchführen:

  - A: mit den Händen auf die Oberschenkel schlagen
  - B: in die Hände klatschen
  - C: die rechte Hand nach oben strecken und schnippen
  - D: die linke Hand nach oben strecken und schnippen

- Der König beginnt und gibt dadurch auch das Takttempo vor, in dem die Aktionen von allen durchgeführt werden sollen. Während der Aktion C stellt sich der König mit seinem eigenen Namen ('König') vor, und bei D ruft er die Nummer eines Mitspielers.

- In der sofort folgenden Schleife der 4 Aktionen ist jetzt der Spieler mit der gerufenen Nummer an der Reihe, sagt bei C seine Nummer und ruft bei D die Nummer eines beliebigen anderen Spielers.

- Alle Spieler führen die Aktionen so lange aus, bis einer einen der folgenden Fehler macht:
  - sprechen, obwohl man in der vorherigen Runde nicht gerufen wurde.
  - nicht sprechen, obwohl man in der vorherigen Runde gerufen wurde.
  - eine Nummer rufen, die nicht vergeben ist.
  - bei der Ausführung der vier Aktionen einen Fehler machen bzw. aus dem Takt kommen.
- Macht ein Spieler einen Fehler, muss er auf den Platz rechts neben dem König, und alle Spieler die links von diesem Spieler saßen, dürfen einen Platz nach rechts aufrutschen. Falls der König einen Fehler macht, rutschen alle auf, und es gibt einen neuen König.
- In der nächsten Schleife beginnt dann wieder der aktuelle König.

➢ **Ende:**

- Der Spieler, der nach Ablauf einer vor Spielbeginn definierten Zeit (z. B. 45 Minuten) auf dem Thron sitzt, ist der Sieger.

➢ **Hinweise:**

- Der König kann wahlweise mit 'König' oder mit der Nummer, die er am Anfang des Spiels erhalten hat, gerufen werden. Er muss sich dann in der nächsten Schleife so vorstellen, wie er gerufen wurde.
- Es ist möglich, sich selber zu rufen oder den zu rufen, von dem man gerade gerufen wurde.
- Das Takttempo kann variieren (in den meisten Fällen wird es innerhalb einer Runde immer schneller).

➢ **Variante:**

- Das Spiel kann auch mit Ausscheiden gespielt werden. Ein Spieler scheidet immer dann aus, wenn er auf dem Platz rechts neben dem König sitzt und einen Fehler macht. Sobald nur noch 2 Spieler übrig sind, haben sie gewonnen.

- Eine weitere Variante ist das Spielen mit Zeichen statt mit Zahlen. Hierfür bekommt jeder Spieler anstatt einer Zahl ein eigenes Zeichen (z. B. 'an die Nase greifen', 'Teufelshörner machen', etc.). Bei den Schritten C und D wird dann, statt zu Schnipsen und dem gleichzeitigen Nennen einer Zahl, das entsprechende eigene Zeichen (C) bzw. das Zeichen eines anderen Spielers gemacht (D).

➢ **Ziel**: Die 'Krankheit' der Gruppe diagnostizieren und die Mitspieler therapieren

 Sobald ein Spieler das Spiel einmal gespielt hat, kennt er die Krankheit bereits und kann nicht mehr die Rolle des Therapeuten spielen!

➢ **Ablauf:**
- In diesem Spiel müssen die Spieler in einem geschlossenen Kreis sitzen (z. B. in einem Stuhlkreis oder um einen Tisch herum).
- Der einzelne Spieler ist der Therapeut und erhält folgende Erklärung:
  'Wir haben alle eine psychische Krankheit und du musst herausfinden, welche das ist. Hierfür darfst du Fragen stellen, die wir nur mit 'Ja' oder 'Nein' beantworten dürfen'.
- Die Krankheit zeigt sich dadurch, dass der gefragte Spieler immer aus Sicht des Spielers antwortet, der im Kreis zwei Positionen weiter rechts sitzt (der Therapeut wird nicht mitgezählt).
- Wird also beispielsweise eine Person (die keinen Hut auf hat) gefragt, ob sie einen Hut trägt und die Person zwei Positionen weiter rechts hat einen Hut auf, muss mit 'Ja' geantwortet werden. Hat der Mitspieler zwei Positionen weiter rechts im Kreis keinen Hut auf, muss die Frage mit 'Nein' beantwortet werden.
- Ist die Antwort aus Sicht der Person zwei Positionen weiter rechts korrekt, passiert nichts, und der Therapeut darf eine weitere Frage stellen.

- Alle anderen Mitspieler, vor allem aber der Spieler, um den es geht (zwei Positionen weiter rechts), müssen also aufpassen, ob die gegebene Antwort richtig ist. Ist die Antwort falsch, muss eine Person aus der Runde 'Therapie' rufen und alle 'Kranken' tauschen willkürlich die Plätze.

- Ist dies passiert, sitzt in den meisten Fällen eine andere Person zwei Positionen weiter rechts zur vorher Befragten, und die Antwort auf die gleiche Frage könnte jetzt anders ausfallen (dies führt zu Verwirrung beim Therapeuten und kann ihn an den Rand der Verzweiflung bringen).

- Der Therapeut darf so lange Fragen stellen, bis er die Krankheit diagnostiziert hat.

  Beispiel:

  Fragt der Therapeut jemanden aus der Runde, ob er im Mai Geburtstag hat und die befragte Person antwortet fälschlicherweise mit 'Ja', weil sie den Geburtstag des Spielers zwei Positionen weiter rechts nicht kennt, dann muss ein Spieler der Runde, der weiß, wann die betroffene Person wirklich Geburtstag hat, oder diese Person selbst, 'Therapie' rufen. Jetzt tauschen alle 'Kranken' die Plätze. Sollte nach dem Plätze tauschen wieder die gleiche Person gefragt werden, ob sie im Mai Geburtstag hat, und diesmal sitzt zwei Positionen weiter rechts wirklich jemand, der im Mai Geburtstag hat, dann antwortet die befragte Person mit 'Ja', und es passiert nichts, da es richtig ist.

➢ **Ende:**

- Der Therapeut kann die Logik hinter der 'Krankheit' nachvollziehen und erklären.

➤ **Hinweise:**

- Das Wichtigste ist, dass die 'Kranken' immer ehrlich antworten müssen! Dadurch können persönliche und spannende Details ans Licht kommen (z. B. 'Isst du Popel?').

- Daher kann dem Therapeuten nach gewisser Zeit der Hinweis gegeben werden, persönlichere Fragen zu stellen, um dem Spiel etwas 'Würze' zu verleihen (eignet sich eher bei Gruppen mit Personen, die sich gut kennen).

- Da der Therapeut schnell verzweifeln und die Lust am Spiel verlieren kann, sollte eine ehrgeizige Person für diese Rolle ausgewählt werden, die nicht so schnell aufgibt. Es können auch zwei Personen gemeinsam die Rolle des Therapeuten übernehmen, damit sie sich beraten oder mit den Fragen abwechseln können.

- Kommt der Therapeut nicht weiter, kann ihm nach einer gewissen Zeit der Hinweis gegeben werden, dass er Fragen stellen soll, auf die er die Antwort sicher kennt.

➤ **Variante:**

- Eine Variante wäre, dass der Therapeut konkrete Fragen stellen darf (nicht nur Ja/Nein-Fragen) und die Patienten immer auf die vorangegangene Frage antworten. Auf die erste Frage (z. B. 'Wie alt bist du?') kann noch beliebig geantwortet werden (z. B. 'Ananas'). Auf die zweite Frage (z. B. Welche Farbe hat dein T-Shirt?) müsste dann die Antwort auf die erste Frage kommen (hier das Alter, z. B. '18'). Die Antwort auf die dritte Frage wäre dann eine Farbe etc. Machen die Patienten hierbei einen Fehler, kann wieder mit 'Therapie' Platz getauscht werden. Nach dem Tauschen wird wieder die erste Frage beliebig beantwortet und die zweite Frage mit der Antwort der ersten Frage usw.

> **Ziel:** Die Logik des Spiels durchschauen

 Sobald ein Spieler die Logik hinter diesem Spiel kennt, kann er das Spiel nur noch in der Gruppe spielen. Es ist also immer ein Spieler notwendig, der das Spiel noch nie gespielt hat!

> **Ablauf:**

- In diesem Spiel müssen die Spieler in einem geschlossenen Kreis sitzen (z. B. in einem Stuhlkreis oder um einen Tisch herum).

- Vor Spielbeginn wird eine Person ausgewählt, die alleine spielt und die Logik des Spiels durchschauen muss. Die restlichen Spieler kennen diese Logik, bilden ein Team und gehen der Reihe nach 'einkaufen'.

- Der Startspieler sucht sich ein Kleidungsstück von einem der Mitspieler aus und macht sich zu folgenden Punkten Gedanken:

  - **Stock:** Mit dem Stock wird beschrieben, wie weit die Person, von der sich der Spieler ein Kleidungsstück ausgesucht hat, von ihm entfernt sitzt. Sitzt die Person z. B. zwei Positionen neben ihm handelt es sich um den zweiten Stock. Der einzelne Spieler, der die Logik nicht kennt, wird hier nicht mitgezählt.

  - **Richtung:** Je nachdem, ob die Person mit dem ausgewählten Kleidungsstück zwei Positionen weiter rechts oder links vom Spieler sitzt, sagt er rechts oder links.

  - **Kleidungsstück:** Hiermit wird das ausgewählte Kleidungsstück beschrieben (z. B. 'Hut', 'Jeans', 'gelber Pullover').

- Anschließend kann er einkaufen gehen und sagt beispielsweise folgenden Satz: 'Ich gehe im Kaufhaus im **zweiten** Stock **links** und kaufe mir einen **Hut**' (der Mitspieler zwei Positionen weiter links müsste hierfür einen Hut tragen).

- Die Mitspieler können jetzt solange der Reihe nach 'einkaufen', bis der ratende Spieler die Logik des Spiels nachvollziehen kann.

➢ **Ende:**

- Der Einzelspieler hat die Logik des Spiels durchschaut und kann sie erklären.

➢ **Hinweise:**

- Um die Auflösung des Spiels zu erschweren, sollte zu Spielbeginn nicht gleich mit markanten Kleidungsstücken wie z. B. einem Hut angefangen werden. Am Anfang könnten eher noch allgemeine Kleidungsstücke, die von vielen Mitspielern getragen werden, wie etwa Socken oder T-Shirts 'gekauft' werden.

> ➢ **Ziel:** Durch geschicktes Fragen und Kombinieren eine Persönlichkeit erraten

> ➢ **Ablauf:**

- Zu Beginn des Spiels legt jeder Spieler eine Persönlichkeit für den Spieler rechts neben sich fest (z. B. 'eine berühmte Person wie Heidi Klum'), schreibt diese auf einen Zettel und zeigt ihn allen Mitspielern - außer der Person, für die die Persönlichkeit bestimmt ist.
- Falls Klebeband zur Hand ist, kann sich jeder den für ihn bestimmten Zettel auf die eigene Stirn kleben, sodass alle anderen Mitspieler den Namen der Persönlichkeit lesen können.
- Sobald jeder eine Persönlichkeit zugeteilt bekommen hat, kann das Spiel beginnen. Die Mitspieler können der Reihe nach versuchen, die ihnen zugeteilte Persönlichkeit zu erraten.
- Hierfür dürfen nur Fragen gestellt werden, die mit 'Ja' oder 'Nein' beantwortet werden können und von jedem Mitspieler beantwortet werden dürfen (z. B. 'Bin ich ein Mann?', 'Bin ich ein Model?', etc.).
- Erhält ein Spieler auf seine Frage ein 'Ja', darf er eine weitere Frage stellen.
- Sobald ein Spieler auf seine Frage ein 'Nein' erhält, ist der nächste Spieler an der Reihe und darf Fragen stellen.

> ➢ **Ende:**

- Hat ein Spieler eine Vermutung bezüglich der Persönlichkeit, die ihm zugeteilt wurde, kann er nach ihr fragen (z. B. 'Bin ich Heidi Klum?'). Erhält er auf diese Frage ein 'Ja', ist er fertig und hat diese Runde gewonnen.

- Die anderen Spieler können so lange weiterspielen, bis nur noch ein Spieler übrig ist.

➢ **Hinweise:**

- Wird eine Frage gestellt, die nicht eindeutig mit 'Ja' oder 'Nein' beantwortet werden kann (weil es die Mitspieler z. B. nicht genau wissen), oder ist die Antwort nicht eindeutig, darf der Fragesteller eine andere Frage stellen.
- Jeder Spieler sollte die ihm zugeteilte Persönlichkeit kennen, damit er diese auch erraten kann.
- Es ist von Vorteil, wenn mehrere Spieler der Runde die Persönlichkeiten kennen. Dies gewährleistet, dass mehrere Spieler antworten können und bei Fragen die nicht eindeutig mit 'Ja' oder 'Nein' beantwortet werden können, diskutiert bzw. abgestimmt werden kann.
- Vor der Vergabe der Persönlichkeiten sollte der Personenkreis definiert werden, aus dem die Persönlichkeit stammen darf:
  - Berühmtheit (allgemein, Sportler, Schauspieler, Politiker, etc.)
  - Zeichentrickfigur
  - Bekanntenkreis
  - etc.

➢ **Variante:**

- Als Alternative zu Persönlichkeiten kann das Spiel auch mit Berufen gespielt werden.

> ➤ **Ziel:** Die anderen Mitspieler 'ermorden' und überleben
> ➤ **Ablauf:**
>   - Der Name jedes Mitspielers wird auf je einen Zettel geschrieben und in einem Topf gesammelt.
>   - Jeder Spieler zieht anschließend einen Zettel aus dem Topf und erhält somit den Namen des Mitspielers den er 'ermorden' soll (zieht eine Person sich selbst, kommen alle Zettel wieder zurück in den Topf, und es wird erneut gezogen).
>   - Eine andere Person kann 'ermordet' werden, indem ihr etwas in die Hand gegeben wird und sie es aktiv entgegennimmt. Es zählt z. B. nicht, wenn
>   - der anderen Person etwas zugeworfen wird und sie es fängt.
>   - der anderen Person ein Hut aufgesetzt wird oder ein Handtuch über die Schulter gehängt wird.
>   - Wurde eine Person 'ermordet' (ihr wurde etwas in die Hand gegeben), ist sie aus dem Spiel und ihr 'Mörder' bekommt ihren Zettel. Damit erhält er die Information, wer als nächstes 'umgebracht' werden soll.
> ➤ **Ende:**
>   - Wurden alle Spieler, bis auf einen 'ermordet', ist dieser der Sieger.

👤 5 - 40

> **Hinweise:**

- Das Spiel kann sich über einen längeren Zeitraum (mehrere Tage) erstrecken und eignet sich daher gut für mehrtägige Veranstaltungen, wie z. B. bei Campingausflügen oder im Urlaub.

- Jeder Spieler sollte immer geheim halten, wen er 'ermorden' soll, damit sich das 'Opfer' nicht darauf einstellen kann.

- Nachdem jemandem etwas in die Hand gegeben wurde, muss ihm auch sofort mitgeteilt werden, dass er 'umgebracht' wurde. Fällt einem Spieler erst später ein, dass er dem 'Opfer' vor zwei Stunden etwas in die Hand gegeben hat, ist das nicht mehr gültig.

- 'Ermordet' ein Spieler einen anderen und erhält im Anschluss den Zettel mit seinem eigenen Namen gibt es zwei Möglichkeiten:
  - Der Spieler scheidet selbst aus (bei großen Gruppen sinnvoll).
  - Es wird neu gelost, indem die Namen aller noch lebenden Spieler wieder in einem Topf gesammelt werden und jeder einen neuen Zettel zieht (fairer für die Personen die viele 'umbringen').

- Um den Mitspieler zu würdigen, der die meisten Personen 'ermordet' hat, kann dieser am Ende des Spiels geehrt werden.

- ➤ **Ziel:** Dinge früher sehen als andere
- ➤ **Ablauf:**
  - Das Spiel basiert darauf, Dinge in der Umgebung früher zu erblicken, als die Mitspieler.
  - Vor Spielbeginn wird ein Ding vereinbart und ein Zeitraum (z. B. 'Autofahrt', 'Urlaub', etc.) definiert. Alle Spieler müssen dann innerhalb dieses Zeitraums nach dem Ding Ausschau halten und sofort melden, wenn sie es sehen.
  - Hat man sich beispielsweise auf einen Hund geeinigt und einer der Spieler sieht einen Hund, dann sagt er 'Hund sitz', und erhält einen Punkt dafür.
  - Sobald ein Ding einmal gewertet wurde, ist es aus dem Spiel. Läuft ein Hund der bereits 'gesehen' wurde z. B. nochmal vorbei, kann er nicht nochmal 'gesehen' werden.
- ➤ **Ende:**
  - Der Spieler, der am Ende des definierten Zeitraums die meisten Punkte sammeln konnte, gewinnt das Spiel.
- ➤ **Hinweise:**
  - Das Spiel eignet sich besonders beim Autofahren oder auf belebten Plätzen wie z. B. am Strand.
  - Mögliche Dinge:
    - Tiere (Hund, Kuh, etc.)
    - Gegenstände (rote Autos, Brücken, etc.)
    - Menschen (mit roten Haaren, mit Hut, etc.)

> **Variante:**

- Eine Alternative für dieses Spiel ist 'Wahrsagen'. Hierfür wird vor Spielbeginn eine Liste mit Dingen erstellt, die während der Reise 'gesehen' werden sollen. Sobald ein Spieler eines der Dinge als Erster entdeckt, wird es von der Liste gestrichen. Es gewinnt der Spieler, der seine Liste zuerst abgearbeitet hat bzw. am Ende mehr Dinge von seiner Liste streichen konnte.

➤ **Ziel:** Ein alltägliches Wort nicht mehr verwenden und durch ein anderes ersetzen

➤ **Ablauf:**

- Grundidee dieses Spiels ist es, ein alltägliches Wort durch einen anderen Begriff zu ersetzen. Hierbei eignen sich Wörter, die entsprechend der Situation und Umgebung oft verwendet werden, besonders gut (z. B. 'Rucksack' beim Backpacking oder 'Zelt' beim Campen).

- Die Spieler dürfen ein bestimmtes Wort nicht mehr verwenden und müssen es durch ein Ersatzwort (z. B. 'Ruddelbrunft') ersetzen.

- Erwähnt ein Spieler das 'verbotene' Wort erhält er einen Strafpunkt.

➤ **Ende:**

- Der Spieler, der innerhalb der vor Spielbeginn definierten Zeit die wenigsten Strafpunkte gesammelt hat, gewinnt das Spiel.

➤ **Hinweise:**

- Auch bei zusammengesetzten Wörtern muss das Wort ersetzt werden. Soll z. B. 'Stulle' statt 'Brot' gesagt werden, müsste auch 'Wurststulle' oder 'Stullenzeit' gesagt werden, um keine Strafpunkte zu erhalten.

- Das Spiel kann gut über einen längeren Zeitraum gespielt werden; z. B. im Urlaub oder beim Campen.

- Auch wenn es sich einfach anhört, wird im Alltag oft versehentlich das 'verbotene' Wort verwendet.

- Es ist wichtig, dass die anderen Spieler gut aufpassen und Verstöße bemerken. Fehler müssen umgehend aufgezeigt werden und können nicht erst Stunden später angeprangert werden.

> **Variante:**

- Anstatt Wörter zu ersetzen. können auch andere Regeln aufgestellt werden, z. B. dass eine bestimmte Aktion nur noch mit der linken Hand durchgeführt werden darf.

➢ **Ziel:** Die Spieler des anderen Teams identifizieren und 'ermorden'
➢ **Ablauf:**

- Die Grundlage dieses Spiels bildet eine Gemeinschaft aus mindestens 6 Personen und einem zusätzlichen Spielleiter. Die Gemeinschaft besteht aus verschiedenen Charakteren:

    - **Die Bürger:** Das Ziel der Bürger ist es alle Mafiosi zu identifizieren und 'am Galgen zu hängen'.

    - **Der Detektiv:** Der Detektiv zählt zu den Bürgern und kennt die Identität aller Mafiosi. Mit dieser Information unterstützt er die anderen Bürger.

    - **Die Mafiosi:** Das Ziel der Mafiosi besteht darin, alle Bürger zu 'ermorden'.

    - **Der Spielleiter:** Der Spielleiter erzählt die Geschichte, kennt die Identität aller Personen und regelt den Ablauf des Spiels.

- Vor Spielbeginn sollte ein Spielleiter bestimmt werden. Anschließend werden entsprechend der Anzahl an Mitspielern die verschiedenen Charaktere auf Zettel geschrieben (ca. 1/3 der Spieler sind Mafiosi, einer spielt die Rolle des Detektivs, und die restlichen Personen sind Bürger). Jeder Spieler zieht im Anschluss einen Zettel, um zu sehen, welche Rolle er einnimmt (die anderem dürfen nicht sehen welcher Charakter gezogen wurde).

- Sind alle Charaktere verteilt, beginnt der Spielleiter mit einer Geschichte über die Machenschaften der Mafiosi in der Gemeinschaft und moderiert nun abwechselnd Nacht- und Tagphasen an (das Spiel startet mit einer Nachtphase).

  - **Nachtphase:** Wird die Nachtphase angesagt müssen alle Spieler die Köpfe senken und die Augen schließen. Auf Anweisung des Spielleiters öffnen nun alle Mafiosi die Augen und verständigen sich lautlos (z. B. mit Fingerzeig) darüber, welcher Bürger 'ermordet' werden soll. Anschließend gehen die Mafiosi wieder schlafen. Nur in der ersten Runde gibt der Spielleiter im Anschluss dem Detektiv das Zeichen aufzuwachen, um ihm zu zeigen, welche Personen die Mafiosi sind, bevor er ihn wieder schlafen schickt.

  - **Tagphase:** Wird die Tagphase durch den Spielleiter eingeläutet, erwachen alle Spieler wieder aus dem Schlaf, und der Spielleiter erklärt, welcher Bewohner in der vergangenen Nacht gestorben ist. Die restlichen Spieler müssen dann in einer Diskussion (z. B. 'Ich habe in der Nacht rechts neben mir ein Rascheln gehört') herausfinden, wer die Mafiosi sind und per Abstimmung entscheiden, welche Person 'hingerichtet' werden soll. Der Detektiv kann die restlichen Bürger mit seinem Wissen unterstützen. Allerdings können die als Bürger getarnten Mafiosi auch alles Mögliche behaupten.

- Wird eine Person 'ermordet', scheidet sie aus dem Spiel aus und kann nicht mehr mitwirken. Bei den am Tag 'hingerichteten' Personen verraten die gestorbenen Spieler die Rolle, die sie innehatten. Bei Personen, die in der Nacht 'ermordet' wurden, wird der Charakter nicht bekanntgegeben.
- Die Tag- und Nachtphasen wechseln sich solange ab, bis entweder alle Mafiosi 'hingerichtet' wurden, oder mehr Mafiosi als Bürger übrig sind.

➢ **Ende:**
- Es gewinnt das Team, dass entsprechend seiner Rolle alle Charaktere des anderen Teams 'ermordet' hat.

➢ **Hinweise:**
- Das Spiel wird interessanter, wenn der Spielleiter zu allen Vorkommnissen eine kleine Geschichte erzählt, z. B. wie eine Person in der Nacht 'ermordet' wurde.
- Die Mafiosi sollten versuchen, in der Diskussion den Verdacht auf einen der Bürger zu lenken, damit keiner der Mafiosi am Ende der Tagphase 'hingerichtet' wird.

➢ **Variante:**

- Es können noch weitere Charaktere zu den Basischarakteren ergänzt werden:

  - **Journalist:** Der Journalist wacht in jeder Nacht nach den Mafiosi auf und fragt den Spielleiter nach der Identität einer Person. Der Spielleiter beantwortet diese Frage (dies geschieht natürlich so, dass kein Mitspieler etwas davon mitbekommt).

  - **Jäger:** Wird der Jäger umgebracht, feuert er mit seinem letzten Atemzug noch einen Schuss ab und kann damit eine beliebige weitere Person mit in den Tod reißen (diese Person scheidet dadurch ebenso aus).

  - **Chemiker:** Der Chemiker wacht immer direkt nach den Mafiosi auf und erfährt, wer in dieser Nacht 'umgebracht' wurde. Er besitzt einen Gift- und einen Heiltrank. Damit kann er einmalig die 'ermordete' Person (auch sich selbst) heilen (es gibt keinen Toten in dieser Runde) und einmalig eine weitere Person vergiften (es gibt zwei Tote in dieser Runde).

  - **Amor:** Amor erwacht nur in der ersten Nacht, um zwei Spieler seiner Wahl miteinander zu verkuppeln (auch sich selbst). Der Spielleiter berührt diese beiden Personen an der Schulter, sodass sie kurz erwachen und sehen können, wer der jeweilige Partner ist. Die beiden Partner müssen sich nun für den Rest des Spiels gegenseitig beschützen. Stirbt einer von beiden, stirbt automatisch auch der andere.

> **Ziel:** Durch geschicktes Fragen und Kreativität ein Rätsel lösen

 Für dieses Spiel ist ein Internetzugriff hilfreich, aber nicht zwingend notwendig.

> **Ablauf:**
>   - Bei 'Was ist passiert' gibt ein Spieler ein Rätsel vor, welches von den Mitspielern gelöst werden muss.
>   - Meist handelt es sich bei dem Rätsel um eine Situationsbeschreibung mit dem Zusatz 'was ist passiert', z. B. 'Hätte sie die schwarzen Schuhe gekauft, wäre sie noch am Leben – was ist passiert?'
>   - Die anderen Spieler können so lange Frage stellen, bis sie das Rätsel lösen. Diese Fragen dürfen aber nur mit 'Ja' oder 'Nein' beantwortet werden. Unter Umständen kann eine Frage auch mit 'Irrelevant' beantwortet werden.

> **Ende:**
>   - Können die ratenden Spieler das Rätsel lösen und erklären, was passiert ist, haben sie gewonnen. Schaffen sie es nicht, gewinnt der Spieler der das Rätsel gestellt hat.

> **Hinweise:**
>   - Kommen die ratenden Spieler nach einer gewissen Zeit nicht weiter, kann der Einzelspieler einen Hinweis geben, um sie in die richtige Richtung zu lenken.
>   - Will man sich keine eigenen Rätsel ausdenken, sind unter dem Suchbegriff 'Was ist passiert Rätsel' im Internet viele solcher Rätsel zu finden.

- Rätselbeispiele (in Klammern die Lösung):
  - Hätte sie die schwarzen Schuhe gekauft, wäre sie noch am Leben – Was ist passiert? (Die Frau arbeitet beim Zirkus mit einem Messerwerfer zusammen. Bei den schwarzen Schuhen, wären die Absätze nicht so hoch gewesen. Da ihr Kollege die Messer mit verbundenen Augen wirft, hat er ihre "neue" Größe falsch eingeschätzt und sie aus Versehen getroffen.)
  - Ludwig wurde in seinem Auto erstochen. Alle Wagentüren sind geschlossen und verriegelt. Der Wagen ist unbeschädigt. Kein Fenster ist offen – Was ist passiert? (Ludwig sitzt in einem Cabrio.)
  - Ein Toter liegt nackt in der Wüste und hält ein Streichholz in der Hand – Was ist passiert? (Zwei Freunde waren mit einem Heißluftballon über der Wüste unterwegs. Der Ballon bekam Probleme und drohte abzustürzen. Sie mussten Ballast verlieren, also haben sie sich ihrer Sachen entledigt. Das hat nicht gereicht, also haben sie mit dem Streichholz gelost, wer springen muss – der mit dem kürzeren Hölzchen hat verloren.)

> ➤ **Ziel:** Die Mitspieler richtig einschätzen und Punkte sammeln
> ➤ **Ablauf:**
> - Grundlage dieses Spiels bildet ein Fragebogen mit circa 10 Fragen (z.B. 'Was ist dein Lieblingsessen?' oder 'Wo warst du zuletzt im Urlaub?') den die Spieler zu Beginn des Spiels gemeinsam erstellen. Je nach Anzahl der Mitspieler kann jeder eine bestimmte Menge an Fragen beisteuern.
> - Sobald die Fragen feststehen schreibt jeder Spieler die Fragen und seine Antwort darauf auf je einen Zettel (Die Mitspieler sollten dabei nicht mitkriegen, wie die Fragen beantwortet wurden). Sind alle Fragen beantwortet werden alle Zettel in einem gemeinsamen Topf gesammelt.
> - Der Startspieler zieht dann einen der Zettel und liest die Frage sowie die Antwort darauf laut vor. Alle Spieler müssen nun raten von wem diese Antwort stammt indem sie die vermutete Person auf einen Zettel schreiben und den Zettel umgedreht vor sich hinlegen. Es ist nicht erlaubt sich selbst aufzuschreiben (stammt die vorgelesene Antworten von einem selbst kann auf bleibt die Hoffnung, dass ein weiterer Spieler die gleiche Antwort gegeben hat).
> - Sind alle bereit werden die Zettel umgedreht und die Person von der die Antwort stammt gibt sich zu erkennen. Jeder der auf diese Person (bzw. eine der Personen) getippt hat, erhält einen Punkt und die Antwort wird aus dem Spiel genommen. Wird im weiteren Spielverlauf nochmal ein Zettel mit der gleichen Antwort auf diese Frage gezogen, wird er ignoriert und ein neuer Zettel gezogen.
> - Anschließend ist der nächste an der Reihe um einen Zettel zu ziehen und die Antwort vorzulesen.

> **Ende:**

- Das Ende des Spiels sollte vor dem Spielstart definiert werden, beispielsweise eine bestimmte Anzahl an Spielrunden (jeder zieht 5 Zettel) oder eine Spielzeit (45 Minuten).
- Es gewinnt der Spieler der die meisten Punkte sammeln konnte.

> **Hinweise:**

- Beim Schreiben der Zettel mit den Fragen und Antworten sollte auf eine neutrale Handschrift geachtet werden. Damit wird es dem vorlesenden Spieler erschwert, an der Handschrift zu erkennen, wer die Antwort gegeben hat.
- Das Spiel eignet sich gut für Silvester indem z.B. Fragen zum alten oder neuen Jahr gestellt werden ('Was war dein Höhepunkt im Jahr2017?' oder 'Welche Vorsätze hast du für das neue Jahr?')

> ➤ **Ziel:** Durch geschickte Fragen und Menschenkenntnis die Wahrheit erkennen und Punkte sammeln

> ➤ **Ablauf:**

- Vor Beginn einer Spielrunde schreibt jeder Spieler zwei kurze Thesen über sich auf einen Zettel (z. B. 'Ich bin schon einmal Fallschirm gesprungen' und 'Ich habe 2 Katzen'). Eine davon sollte wahr sein und die andere frei erfunden.

- Der Startspieler liest nun seine beiden Thesen vor, und die anderen Spieler müssen herausfinden, welche der beiden Thesen der Wahrheit entspricht. Hierfür haben sie 150 Sekunden Zeit, um Fragen zu stellen.

- Nach Ablauf der Zeit müssen die Spieler entscheiden, welche These sie für wahr halten und per Zettel oder Handzeichen für eine der Thesen stimmen. Hat jeder Spieler abgestimmt, erhalten die Spieler, die richtig liegen, einen Punkt, und der nächste Spieler darf seine Thesen vorlesen.

> ➤ **Ende:**

- Das Ende des Spiels sollte vor dem Spielstart definiert werden, beispielsweise eine bestimmte Anzahl an Spielrunden (5 Runden mit Thesen von jedem Spieler) oder eine Spielzeit (45 Minuten).

- Es gewinnt der Spieler der die meisten Punkte sammeln konnte.

> ➤ **Hinweise:**

- Je abwegiger die wahre These eines Spielers klingt, desto höher ist die Wahrscheinlichkeit, dass diese von den Mitspielern für eine Lüge gehalten wird.

- Durch Ausschmückungen und Details in den Antworten können die Mitspieler auf eine falsche Fährte geführt werden.

➢ **Ziel:** Eine komplette Reihe bilden

➢ **Ablauf:**

- Das Grundgerüst für dieses Spiel bildet das folgende Kreuz:

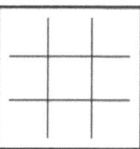

- Die beiden Spieler setzen abwechselnd ihr Symbol (Kreis oder Kreuz) in eines der neun Felder des Grundgerüstes. Dies ist nur möglich, wenn das Feld noch frei ist.

- Das Ziel der Spieler ist es, mit ihren Symbolen eine Reihe zu bilden. Diese kann vertikal, horizontal oder diagonal sein:

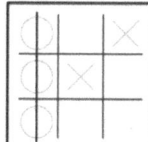 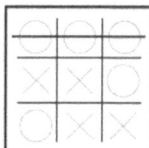 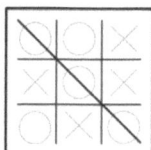

➢ **Ende:**

- Sobald ein Spieler mit seinem Symbol eine Reihe bilden konnte, hat er das Spiel gewonnen. Wurden alle neun Symbole gesetzt und keiner der Spieler konnte eine Reihe bilden, endet das Spiel unentschieden.

> ➢ **Ziel:** Mehr Kästchen gewinnen als die Mitspieler
> ➢ **Ablauf:**

- Vor Spielbeginn wird auf einem idealerweise karierten Blatt Papier ein beliebiger Bereich eingegrenzt, indem entlang der vorgegebenen Kästchen ein geschlossener Körper gebildet wird (die Größe des Bereichs bestimmt die Dauer des Spiels).

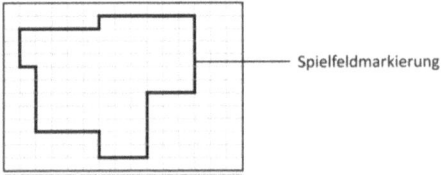

Spielfeldmarkierung

- Nun sind die Spieler der Reihe nach am Zug und ziehen innerhalb des definierten Bereiches eine Linie entlang der freien Kante eines beliebigen Kästchens.

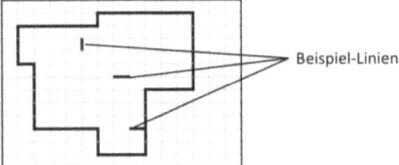

Beispiel-Linien

- Sobald ein Spieler mit seiner Linie die vierte Kante eines Käschens zieht und das Kästchen damit schließt, gewinnt er dieses Kästchen und ist erneut an der Reihe, eine Linie zu ziehen. Kann er auch mit der zweiten Linie wieder ein Kästchen schließen, gewinnt er auch dieses und ist erneut an der Reihe usw. Gewinnt ein Spieler ein Kästchen, muss er es mit seinem Symbol markieren (z. B. ein 'X' oder ein 'O').

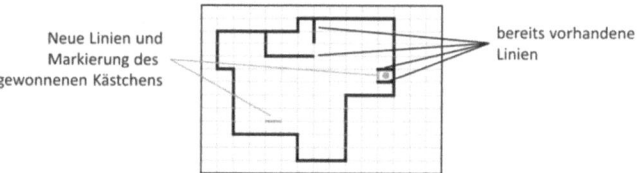

Neue Linien und Markierung des gewonnenen Kästchens — bereits vorhandene Linien

> **Ende:**

- Das Spiel endet, wenn alle Kästchen des Spielfeldes von den Spielern mit ihren Symbolen markiert wurden. Es gewinnt der Spieler, der mehr Kästchen mit seinem Symbol markieren konnte.

> **Hinweise:**

- Das Spiel wird im Idealfall auf einem karierten Blatt Papier gespielt. Steht keines zur Verfügung kann das Gitternetz aber auch mit z. B. einem Bleistift aufgezeichnet werden.

> **Ziel:** Alle Schiffe des Mitspielers versenken
> **Ablauf:**

- Das Grundgerüst für dieses Spiel bilden zwei (eines pro Spieler) quadratische Gitternetze mit 100 Feldern (10 x 10). Die vertikale Reihe wird von 1 bis 10 durchnummeriert, und die horizontale Reihe wird alphabetisch von A bis J gekennzeichnet.

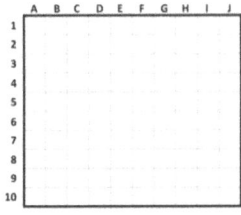

- Als Spielvorbereitung kann nun jeder Spieler eine Schiffsflotte auf seinem Spielfeld positionieren, indem er die Schiffe auf seinem Gitternetz einzeichnet (der Mitspieler darf das nicht sehen).
  - Die Flotte besteht aus fünf Schiffen: 1 Schlachtschiff (5 Felder groß), 1 Kreuzer (4), 2 Zerstörer (3) und 1 U-Boot (2).
  - Die Schiffe dürfen sich nicht berühren.
  - Die Schiffe dürfen nicht diagonal oder über ein Eck positioniert werden.
  - Die Schiffe dürfen auch am Rand liegen.

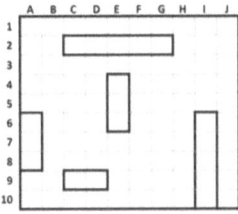

- Der Startspieler darf nun einen Schuss abgeben, um die Schiffe des anderen Spielers zu 'versenken'. Er schießt, indem er eine Koordinate nennt (z. B. 'E4)'.
- Der andere Spieler muss nun diese Koordinate prüfen und eine der folgenden Aussagen treffen:
  - **Wasser:** Ist in diesem Feld des Gitternetzes (Koordinate 'E4') kein Schiff positioniert, sagt er 'Wasser' und ist nun selbst an der Reihe zu schießen.
  - **Treffer:** Ist in diesem Feld (Koordinate E4) ein Schiff positioniert, sagt er 'Treffer', und der schießende Spieler darf erneut einen Schuss abgeben. Dies geht solange, bis der Schuss im Wasser landet.
  - **Versenkt:** Wurde das letzte Feld eines Schiffes getroffen, sagt er: 'versenkt'. Das Schiff ist dadurch aus dem Spiel, und der schießende Spieler darf erneut schießen.
- Die Spieler schießen nun solange abwechselnd, bis die komplette Schiffsflotte von einem der Spieler versenkt wurde.

➢ **Ende:**

- Hat ein Spieler alle Schiffe des Mitspielers versenkt, ist er der Sieger.

> **Hinweise:**

- Das Spiel wird im Idealfall auf einem karierten Blatt Papier gespielt. Steht keines zur Verfügung kann das Gitternetz auch auf ein beliebiges Blatt gezeichnet werden.
- Es ist sehr hilfreich, ein zweites 100-Felder-Gitternetz zu erstellen, um die abgegebenen Schüsse zu notieren und die nächsten Schüsse strategisch zu planen.
- Die Anzahl und Größe der Schiffe kann variieren, darüber sollte sich vor Spielbeginn geeinigt werden.

> **Variante:**

- Eine Variante ist, dass die Spieler pro Runde so viele Schüsse abgeben dürfen, wie sie noch Schiffe übrig haben.
- Es kann auch mit einer beliebigen Anzahl von Seeminen (Größe: 1 Feld) gespielt werden. Trifft ein Spieler mit seinem Schuss (bei jedem Schuss muss neben der Zielkoordinate das Schiff genannt werden, mit dem geschossen wird) die Mine des anderen Spielers, geht das schießende Schiff unter.

> ➤ **Ziel:** Eine Reihe mit den eigenen Symbolen bilden
> ➤ **Ablauf:**

- Das Grundgerüst für dieses Spiel bildet ein rechteckiges Gitternetz mit 42 Feldern (7 Felder breit und 6 Felder hoch):

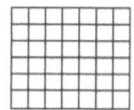

- Die Spieler dürfen nun abwechselnd ihr Symbol (Kreis oder Kreuz) in ein freies Feld des Gitternetzes eintragen.
- Die Symbole dürfen aber nicht 'in der Luft schweben', es muss immer von unten nach oben aufgefüllt werden.

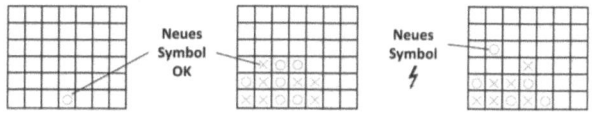

- Das Ziel besteht darin, vier der eigenen Symbole in eine Reihe zu bringen. Diese kann horizontal, vertikal oder diagonal sein.

 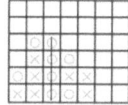 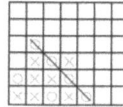

> ➤ **Ende:**

- Der Spieler, der zuerst eine Reihe mit vier eigenen Symbolen in Folge bilden konnte, ist der Sieger. Wurden alle Felder des Gitternetzes mit Symbolen befüllt und keiner der Spieler konnte eine solche Reihe bilden, endet das Spiel unentschieden.

> ➤ **Ziel:** Den gesuchten Begriff erraten
> ➤ **Ablauf:**

- Einer der Spieler denkt sich ein Wort aus, das die anderen erraten müssen. Für jeden Buchstaben des Wortes malt der Spieler einen Platzhalter auf einen Zettel; z. B. fünf Platzhalter für das Wort 'Katze':

  _____ _____ _____ _____ _____

- Die anderen Spieler agieren im Team und können nun nacheinander Buchstaben nennen, von denen sie hoffen, dass sie im Wort vorkommen (z. B. 'A'). Alternativ können sie auch versuchen, das gesuchte Wort zu erraten.

  - Kommt der Buchstabe in dem Wort vor, wie beispielsweise das 'A' bei 'Katze', wird er vom Einzelspieler an der richtigen Stelle auf dem Zettel ergänzt, und die anderen Spieler können einen weiteren Buchstaben nennen.

    _____ A _____ _____ _____

  - Kommt der Buchstabe nicht in dem gesuchten Wort vor, kann der Einzelspieler mit der Gestaltung eines Galgens beginnen. Der Galgen wird bei jedem weiteren falschen Buchstaben sowie bei jedem falschen Rateversuch weiter aufgebaut (der Galgen wird neben den Platzhaltern auf den Zettel gemalt).

    _____ _____ _____ _____ _____ ⌒

- Der Galgen besteht aus neun Teilen, von denen bei jedem Fehlversuch ein weiterer hinzugefügt wird.

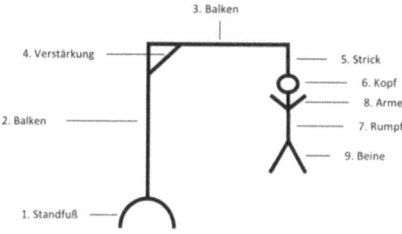

> **Ende:**

- Sobald das gesuchte Wort von einem Spieler erraten wurde, endet das Spiel und das Rateteam hat gewonnen. Schafft es der Einzelspieler den Gagen komplett zu malen, gewinnt dieser.

> **Hinweise:**

- Die Umlaute 'ä', 'ö' und 'ü' sowie das 'scharfe s' (ß) kommen im Spiel nicht vor und müssen mit 2 Platzhaltern eingeplant werden, also 'ae', 'oe', 'ue' bzw. 'ss'.

➢ **Ziel:** Möglichst schnell Begriffe zu verschiedenen Themengebieten finden, die mit einem bestimmten Buchstaben beginnen

➢ **Ablauf:**

- Vor Spielbeginn werden ca. 5 bis 8 Themengebiete definiert (z. B. 'Stadt', 'Land', 'Gewässer', etc.). Für diese Themen müssen Begriffe mit einem vorgegebenen Anfangsbuchstaben gefunden werden.

- Jeder Spieler muss sich die Themengebiete in einzelnen Spalten auf einen Zettel schreiben (der Zettel sollte hierfür eine ausreichende Größe haben).

Stadt	Land	Gewässer	Beruf	Promi	Punkte

- Haben alle Spieler diesen Zettel mit den Themen vorbereitet, kann der Startspieler damit beginnen, innerlich die Buchstaben des Alphabetes aufzuzählen, bis der Spieler rechts neben ihm 'stop' sagt.

- Der Startspieler sagt anschließend laut den Buchstaben, den er im Kopf hatte, als 'stop' gesagt wurde, z. B. 'F' (kommt der Spieler beim Aufzählen am Ende des Alphabetes an, beginnt er wieder von vorne).

- Nachdem der Buchstabe (z. B. 'A') laut genannt wurde, muss jeder Spieler versuchen, für jedes Themengebiet einen passenden Begriff mit diesem Anfangsbuchstaben zu finden und in die entsprechenden Spalte auf dem Zettel einzutragen.

Stadt	Land	Gewässer	Beruf	Promi	Punkte
Augsburg	Argentinien	Ammersee	Astronaut	Alonso	

- Sobald ein Spieler zu jedem Themengebiet einen passenden Begriff gefunden und aufgeschrieben hat, sagt er 'stop', und alle anderen Spieler müssen sofort aufhören zu schreiben.
- Es folgt die Auswertung der Spielrunde, indem jede Spalte einzeln betrachtet wird. Alle Spieler nennen die Begriffe, die sie zu dem jeweiligen Themengebiet gefunden haben und erhalten für ihre Begriffe wie folgt Punkte:
    - **20 Punkte:** Hat ein Spieler zu einem Thema einen Begriff gefunden und kein anderer Mitspieler hat einen Begriff zu diesem Thema gefunden, erhält er für diesen Begriff 20 Punkte.
    - **10 Punkte:** Haben auch die anderen Mitspieler einen Begriff zu einem Thema gefunden, aber keiner hat den gleichen wie der Spieler, erhält er 10 Punkte für den Begriff.
    - **5 Punkte:** Hat ein Mitspieler den gleichen Begriff für ein Thema gefunden, gibt es 5 Punkte für den Begriff.
- Nach der Auswertung werden die Punkte der einzelnen Themengebiete zusammengezählt und in die Punktespalte rechts eingetragen.

Stadt	Land	Gewässer	Beruf	Promi	Punkte
5	10	10	5	0	
Augsburg	Argentinien	Ammersee	Astronaut	---	30

- Im Anschluss ist der nächste Spieler an der Reihe, das Alphabet aufzuzählen, um den Buchstaben für die nächste Spielrunde zu finden.

➢ **Ende:**

- Das Ende des Spiels sollte vor Spielbeginn festgelegt werden. Beispielsweise eine Spieldauer oder eine bestimmte Anzahl an Spielrunden. Es gewinnt der Spieler, der die meisten Punkte sammeln konnte.

➢ **Hinweise:**

- Um mehr Punkte zu erzielen, sollte versucht werden, eher exotische Begriffe zu finden, die von den Mitspielern eher nicht verwendet werden (z. B. 'Irland' statt 'Italien').

- Die Themengebiete sollten vor Spielbeginn genau definiert werden (z. B. Ab wann zählt ein Ort als Stadt - 'ab 100 000 Einwohner?' 'Sind auch Dörfer gültig?').

- Falls keinem der Mitspieler ein passender Begriff zu einem Thema einfällt, kann sich innerhalb der Runde nach einer gewissen Zeit auf 'stop' geeinigt werden.

- Manche Buchstaben, zu denen es offensichtlich nicht in allen Themengebieten einen passenden Begriff gibt (z. B. 'X', 'Y', 'Q' oder 'Z'), können ausgelassen werden. In diesem Fall, oder wenn der Buchstabe schon gespielt wurde, kann entweder der nächste Buchstabe im Alphabet gespielt werden, oder es kann neu ausgezählt werden.

- Mögliche Themengebiete:
    - Marken (Auto, Bier, etc.)
    - Berühmtheiten (Sportler, Schauspieler, Musiker, etc.)
    - Bekannte (Freunde, Personen aus dem gleichen Ort/Verein, etc.)
    - Essen/Getränke
    - Geographie (Länder, Städte, Flüsse, Berge, etc.)

➢ **Variante:**

- Eine Variante dieses Spiels besteht darin, für jeden Spieler einen Zettel mit allen Anfangsbuchstaben des Alphabetes vorzubereiten. Anschließend wird sich auf ein Thema (z. B. Weihnachten, Essen, Marke, etc.) geeinigt, und alle Spieler haben fünf Minuten Zeit, für jeden Buchstaben des Alphabetes einen zum Thema passenden Begriff mit dem entsprechenden Anfangsbuchstaben zu finden. Die Auswertung verläuft wie bei Stadt-Land-Fluss.

- ➢ **Ziel:** Einen Gegenstand in einer bestimmten Farbe entdecken
- ➢ **Ablauf:**
  - Beide Spieler suchen sich in der Umgebung einen Gegenstand aus. Dieser darf klein sein, muss aber für beide Spieler sichtbar sein.
  - Anschließend nennen sie sich gegenseitig die Farbe des Gegenstandes, den sie sich ausgesucht haben (z. B. 'Ich sehe was, was du nicht siehst, und das ist rot').
  - Jetzt kann das Spiel beginnen, und beide Spieler zählen abwechselnd Gegenstände in dieser Farbe auf, die sie in der Umgebung sehen können. Damit versuchen sie, den Gegenstand, den sich der andere Spieler ausgesucht hat, ausfindig zu machen.
- ➢ **Ende:**
  - Der Spieler, der den Gegenstand des anderen zuerst entdeckt und nennt, ist der Sieger.
- ➢ **Hinweise:**
  - Der ausgewählte Gegenstand muss in der Umgebung bleiben, ein Schmetterling der wegfliegen kann, ist daher z. B. nicht geeignet.
- ➢ **Variante:**
  - Als Alternative können die beiden Spieler auch abwechselnd Gegenstände einer Farbe nennen, die sie in der Umgebung sehen können. Es gewinnt der Spieler, der länger Gegenstände einer Farbe finden kann.

> **Ziel:** Sich mehr Gegenstände in der richtigen Reihenfolge merken können als die Mitspieler

> **Ablauf:**

- Der Startspieler sucht sich einen beliebigen Gegenstand (z. B. 'Gießkanne') aus und beginnt mit den folgenden Worten: 'Ich packe meinen Koffer und nehme eine Gießkanne mit'.

- Der im Uhrzeigersinn folgende Spieler wiederholt die bereits erwähnten Gegenstände in der richtigen Reihenfolge und fügt einen weiteren Gegenstand (z. B. 'Banane') hinzu: 'Ich packe meinen Koffer und nehme eine Gießkanne und eine Banane mit'.

- Dies geht solange, bis einer der Spieler einen Fehler macht, indem er einen Gegenstand vergisst oder die richtige Reihenfolge nicht einhält.

- Nachdem ein Spieler einen Fehler gemacht hat, scheidet er aus, und der nächste Spieler ist an der Reihe und muss wieder alle bereits genannten Gegenstände wiederholen und einen hinzufügen.

> **Ende:**

- Sind alle Mitspieler, außer einem, ausgeschieden, ist das Spiel vorbei und der übrige Spieler ist der Sieger.

Notizen/ Grüße/ Widmung

FSC
www.fsc.org
MIX
Papier | Fördert
gute Waldnutzung
FSC® C083411

Zeitfracht Medien GmbH
Ferdinand-Jühlke-Straße 7
99095 Erfurt, Deutschland
produktsicherheit@kolibri360.de